배영대 시집

철길에 핀 민들레

책과내일열린시

가슴에 내리는 시 101

철길에 핀 민들레

지은이 배영대
펴낸이 최명자

펴낸곳 책펴냄열린시
주소 (48932) 부산광역시 중구 동광길 11, 203호
전화 010-4212-3648
출판등록번호 제1999-000002호
출판등록일 1991년 2월 4일

인쇄일 2021년 07월 5일
발행일 2021년 07월 7일

ⓒ배영대. 2021. Busan Korea
값 12,000원

ISBN 979-11-88048-52-6 03810

• 저자와 협의하여 인지를 붙이지 않습니다.
• 잘 못된 책은 바꾸어 드립니다.
• 이 책의 내용 중 일부 또는 전부를 저자 및 출판사의 동의없이 사용하지 못합니다.

시인의 말

지난 시간 마라톤을 하고
산을 찾아 다녔다
동적인 모습이 멈칫할 때
어깨너머에서 멈추어 있던 글들이
잠결에서 깨어나 걸음마를 떼었다

바람이 길을 가고 있다
바다에서 파도를 만나기도 하고
들판에 피어나는 꽃들에게
산들바람이 되어준다

산길을 걸으며
소나무 가지 위에 걸터앉아 쉬어가면서
사색의 시간을 가져본다
걸어가는 길
그물에 걸리지 않은 바람처럼 걸어가고 싶다

2021년 6월
청량 배영대

목차…4
자서…3

철길…11
빛을 건지다…12
봄 즈음에…14
별을 보다…16
부산시민공원…17
봄 산행…18
42.195…20
각산산성에서…21
경주 행…22
또다른 한반도…24
폐선역…26
북극곰 수영대회…28
금련산 표지석에서…29
길 잃은 고양이…30
자화상…32
상추…34
개나리꽃…35
집을 짓다…36
철길에 핀 민들레…38

친구에게…40

커피 한 잔…42

그리운 어머니…44

뒤를 보다…46

시간 여행…48

다리 밑에서…49

깃대봉…50

꽃을 심다…52

대관령 안개…53

백양산 그늘을 걷다…54

위양못에서…55

이수도의 하루…56

증도 여행…58

지리산 종주…60

유리창을 닦다…62

장미 가시…63

코로나 19…64

십리대밭길…66

젖은 바닥…67

손을 잡다…68

아버지의 시간…70

부산진시장…72

고추잠자리…73

골목길…74

그리움…75

달빛 그늘…76

11월…78

당단풍나무…80

옛 울산역에서…82

천왕봉 가는 길…84

책방골목…86

책을 펼치며…87

광고 속으로…88

허수아비…90

환승역…91

돈을 버리다…92

주소 불명…94

택배를 받고서…95

석가탑…96

시간…97

내게 오지 않던 것들…98

길 떠나는 길…100

알몸 마라톤…102

눈속의 철책선…103

국밥 한 그릇…104

고독사…106

바람 앞에 서다…107
거제 망산 정상에서…108
바닥…109
성난 까마귀…110
소외…112
버리며 산다…113
오봉산 겨울산행…114
하늘 아래…116
문장대 가는 길…117
잃어버린 시계…118
서울역 지하철 통로…119
시간은 길을 간다…120
낙동강을 바라보며…122
부르스 리 동상 앞에서…124

□ 발문 자전적 사유와 일상적 도전/강영환…125

철길에 핀 민들레

철길

떠나는 기적이 쌓이고 어둠이 밀려오면
자갈로 양탄자를 깔았다
두 줄기 레일이 마주할 때면
뜨거운 가슴을 내밀어 하늘을 본다

무서움에 소리치던 경적에
이팝나무는 하이얀 밥풀을
바람에 떨어뜨렸다
달려가는 열차에 어둠은 길을 비켜주고
앞서가던 시간은 걸음을 멈추었다
차창 안 주고 받는 소문을 가득 싣고
땅 속에 뿌리를 내리며 자리를 지킨다

비바람이 길을 가려도
눈 덮인 산야가 풍광을 담아내도
철길은 두 줄기 물길을 하나로 엮어
바다로 가는 길을 열어주며
잠들지 않는다

빛을 건지다

정터목 산장 어둠을 깨우며
작은 빛이 하나 둘씩 비추어 진다

어머니 손길이 담긴 배낭을 챙기며
행여 빠뜨린 것이 없는지 돌아본다

어느새 빛 행렬은 산 속으로
발걸음은 옮겨지고
작은 빛을 밝히며 더 큰 빛을 찾아
새벽을 나서는 걸음에는
나무와 숲 풀잎이 어우러져
잘 길들여진 산길이 마중하고 있다

하늘이 길을 열어 주는
통천문을 지나면서
어둠이 소리 없이 걷히며
천왕봉이 찾아온 일행을 맞이한다

정상에 사람들은 저 멀리 떠오르는 큰 빛을

건지기 위해 시간을 기다린다

내 속에 숨겨진 빛을 건지기 위해
장엄한 일출 속으로 빠져 든다

빛은 밖으로 나오고 아침을 깨우는
더 큰 빛을 찾아
어둠 속 발걸음을 옮겨놓았다

봄 즈음에

매서운 바람이 부산시민공원
메마른 잔디를 달려갈 때
허기진 낮달이
옷 벗은 나무를 내려다본다

냉기를 타고 온 바람이 길을 가면
햇살에 손을 비비고
산자락에 누워있는 석양이
입춘을 부른다

누군가 기다리는 시간은
산들바람 되어
징검다리를 건너오고
홍매화 붉은 얼굴 내밀며
길을 마중한다

철새 돌아가는 들녘에는
잎눈들이 눈망울 내미는
가지 위로

새파란 걸음이 걸어가고
종달새가 봄을 지져귄다

땅 속에서 잠자던 얼음이
봄 햇살에 놀라 소리치면
산수유도 실눈을 뜨고
봄향기 마시고 있을 것이다

별을 보다

작은 손으로 북두칠성을
색칠하던 밤
별들이 숨바꼭질을 한다
꿈을 찾던 별들은
호숫가에 떨어져
다람쥐가 물레방아를 돌리고 있다

별을 캐기 위해
지리산 노고단을 찾았다
나무 사다리가 하늘벽에
걸쳐있고
빼곡이 박힌 눈동자가
금강석이 되어
불빛으로 빛난다

호기심을 멀리하고
걸어온 시간들이
거울 뒤에 숨어있고
가슴에 별을 단다

부산시민공원

높은 담장과 철조망 너머로 보이던
회색 건물들

오랜 기억 속에 묻혀있던 새로운 대지가
긴 침묵 속에서 깨어나
하늘 아래서 빛을 보게 되었네

나는 오늘도 걸었네
빛은 밝고 국화꽃 향기 나는
가을 창공 아래
나무숲 햇살을 받으며

속박된 굴레를 벗어나 역사를 간직한 곳을
자유시간을 찾아 이곳저곳을 걸었네

나무와 숲속을 마주하는 공원의 상념들
부산의 중심 하늘 터에 산소가 살아 숨쉬는
원도심 공원이 찾는 이 발걸음을 반긴다

봄 산행

새싹이 마른 수풀을 헤치고
꽃망울이 얼굴을 내밀면
산길에서 걸음을 멈추지요

너는 진달래인데
네 이름이 뭐냐 물으면
양지꽃인데요
노랗게 웃음 짓지요

진달래 양지꽃과 마주보고
이야기 나누며 포즈를 취하지요

정상에 우뚝 서 산허리 바라보면
걸어온 길에
봄바람이 가슴을 열고 지나갑니다

김밥에 마른 입을 뗄 때면
하늘빛 햇살을 타고 온 와인이
마른 목을 적십니다

커피 한 잔은 산행길에 쉼터가 되어주고
걸어온 길을 뒤돌아 보게 합니다

걸어온 길이 봄 햇살에 녹아나고
남은 걸음은
봄 내음 향기를 타고 흐릅니다

42.195

숨 가쁜 승전보의 알림은
가벼운 날개짓으로 시작되고
월계관을 차지하기 위한
동행길 위에서 승리의 달림이 펼쳐진다
열정으로 시작된 도전이 임계점을 지나며
어느덧 가슴 압박이 밀려오고
느린 발걸음이 산능을 기어오른다

길 위에는 함성이 파도치며
농악대 북소리에 저 멀리서
나를 기다리는 걸음은 바빠진다

여기까지 온 시간 다툼이 계속되고
마지막 눈물과 웃음이 흐르는 시간이 겹쳐지며
결승점이 나를 부른다
길에서의 여정이 끝나고
손을 들어 하늘을 바라본다
푸르구나
42.195km 뛰어본 사람이 토하는 느낌표다

각산산성에서*

케이블카가 산을 타고 오른다
바람에 실려 하늘 공원에 닿고서
옛 산성 땅 그림자를 찾아본다
하늘과 바다에는 푸르름이 물결치고
삼천포항이 병풍을 걷어내고 얼굴을 드러낸다
흰 구름에 떠다니는 고깃배가
섬들과 함께 수채화를 그려낸다

삼천포대교가 물결을 가르고
사천대교가 보물섬을 밟았다
남해가 신비를 감추고서
푸른 정원을 드러낸다
피어나는 마늘꽃은 빛을 비추고
독일에서 가져온 그림이 산자락에 내려앉는다
발걸음은 곳곳을 들여다보지만
어둠 속에 숨겨진 금광을 캐기 위해
사람들은 바다를 건너고 있다

*각산산성 : 경남 사천시 고려시대의 성

경주 행

화랑은 발자국을 찍고
반월성에 찾아드는 바람이
나뭇잎을 굴리며
옹이 조각 붙어있는 성터에
지나간 시간 빛은 솟구친다

먼 시절 조각난 땅이
하늘 아래로 하나로 모여
경계를 넘나들던 새들이 날아들고
울타리를 지워버린 햇살이
빛나고 있다

땅 깊이를 알려고 문을 두드리지만
넓이를 더하는 터는
침묵 속에 거대한 몸을 드러낸 채
깊은 잠을 깨지 않고 있다

별들을 만나는 첨성대는
흔들리지 않는 모습을 간직한 채

계림을 들여다보는
시간여행을 하고 있다

천년이 지워지지 않는 숫자는
고도 높이를 말해주고
찾아오는 발걸음은
지나간 거울 속을 들여다본다

또다른 한반도

동강*을 끼고 달려가는 길섶에는
무궁화꽃이 피어
가는 곳을 가르키고 있다

강물이 산을 못 넘어
돌아오는 길을 만들고
산을 깎아 한반도를 그려냈다

다가갈 수 없는 그곳에는
자라나는 할미꽃들이
붉은 색을 더해가고
맑은 숨결로 산소를
듬뿍 뿜어내고 있다

전망대에서 바라본 한반도에는
녹슨 철책선이 보이지 않고
뗏목이 물결을 거슬러
북쪽강을 건너며
나무와 나무들이 마주앉아

하나 된 하늘을 쳐다본다

한반도를 옮겨온 지형에는
남북녘 땅에 햇살이 비쳐지고
대륙으로 뻗어가는
큰 길을 품고 있다

* 강원도 영월 동강

폐선역

산골 가로지르는 양지바른 터에
가고자 하는 표를 끊고
산속 읍내를 찾아드는 나그네는
먼발치의 모습을 뒤로 하고 내렸다

전봇대 위에 앉은 까치가
내리는 사람을 마중 하고서
외마디 소리 지르는 기차는
뒷모습을 감춘 채 떠나갔다

오고 가는 발자국이 뜸해질 때
은행나무가 역사를 지키고
바람에 떨어진 잎이 날아갈 때
오지 않은 사람들

먼 길을 떠난 오래된 역은
멈추어 서는 것을
장터에 담아 두고서
바람소리 지르며 떠나갔다

옛 정차의 그림자를
가고 오는 발자국에 담아두고
폐선역은 이름을 지우고
빈자리를 지키고 있다

북극곰 수영대회

해운대 1월 백사장에는
북극에서 온 사람들이
북극곰을 찾는다

모래가 바람이 되어 날아가고
체온이 겨울 바다에 녹아내릴 때
파도 속으로 몸을 숨긴다

바다 속에는 오색 물결이 휘날리고
동심을 찾아 모여든 함성이
바다를 가른다

곰이 되어 물 속을 유영할 때
물결이 거품을 일으키고
냉기는 바람을 잠재우며
온기를 쫓아내고 있다

얼음 조각이 피부 속을 파고 들었지만
하늘도 푸르고 나도 푸른 바다가 되었다

금련산 표지석에서

푸른 하늘에는 뭉게구름이
산 바람을 타고 걸어가고 있다
해발 427m 금련산 표지석 앞에 섰다
저 멀리 바다에는 돛단배가 항해하고
푸른 물결을 가로지르는 광안대교가
바람을 싣고 출렁이고
희미하게 다가서는 오륙도가
파도에 넘실거리며 춤을 추고 있다
동백섬을 바라보니
솟구쳐 오른 엘시티 건물이
낯익은 해운대를 삼켜버리고 있다
마주하는 장산이 키높이를 하며 다가서고
산둘레로 쌓여있는 아파트가
그늘진 회색도시를 만들고 있다
멀리 부산항대교가 바다를 건너고
영도 봉래산이 파도에 떠있다

주 - 부산 금련산

길 잃은 고양이

산길을 내려오면서 고양이 한 마리
그림자 따라 동행을 합니다

그림자 멈쳐 서면 눈치로 대답하고
걸음을 옮기면 어느새
발걸음을 함께 옮깁니다

눈빛을 마주하면 어색함을 드러내지만
젖은 눈빛은 잃어버린 주인을 찾습니다

낯선 곳에 이끌려 산 속에 왔지만
혼자가 되어 나침반을 잃고
내게 길을 묻고 있습니다

지나가는 발자국 소리에
집 안부를 물으면
지나는 눈길은 하늘을 보고 있습니다

길을 찾아 달라고 차에 오르는

고양이 눈빛을 닫아 버리고
창문을 올렸습니다

그때 그 고양이는 구름 속으로
떠나갔지만
하늘은 푸른색을 드러냅니다

자화상

세종로
출발선상에 첫 신호가 울렸다
먼 길을 가기 위해
발걸음을 내딛는다

남대문을 지나 청계천을 달릴 때
청둥오리를 만나며
지나쳐버린 시간들이
물길 따라 흘러갔다

발자국에 잡아 두어야 했던 시간들이
나뭇잎이 되어 떨어진다
돌아보지 못한 날들이 어깨를 누르며
삭풍에 화살 되어 날아갔다

하늘 아래 떠 있는 햇살을 보기위해
비구름이 지나 갔지만
일곱가지 길을 찾아 허공을 맴돈다

잠실대교에 걸쳐져 있는 무지개를
잡기위해 뛰어서 건널 때
빛은 잠실스타디움으로 숨어 버리고
다시 발걸음을 떼고 있다

창공에 보이는 푸른 꿈을 찾아
손을 펼치고
자화상 속으로 뛰어간다

상추

양지 텃밭에 씨를 뿌렸다
햇빛이 땅속을 스며들 때
파란 입술 내밀며 하늘을 본다
눈길은 조금씩 커져가는
모습을 담아내고
물 한모금을 머리 위에 뿌렸다
이슬 머금고 자란 잎들이
기지개를 켜며
사람들 손짓을 부른다
잎이 하나씩 떨어져 나가는
아픔은 있었지만
여행에서 돌아오면
상처는 아물고
또 다른 손짓을 부른다
파릇한 빛이 색체를 달리하고
입맛이 멀어질 때면
키 큰 갈대가 되어
꽃씨를 바람에 날리고 있다

개나리꽃

겨울 바람이 먼 길을 떠난 뒤
추위에 감싸고 있는 얼굴 내밀며
노란 편지지에 새싹을 그려봅니다
산들거리는 바람이 눈웃음 칠 때면
저고리 노란 빛으로 단장하고
산길을 마중합니다
장미가 붉은 색을 토해낼 때
노란 얼굴은
쌍두마차를 타고 여행을 떠납니다
피어나는 꽃길이 길을 떠날 때면
담 너머 얼굴색을 감추고
새색시 치맛자락에 몸을 숨깁니다
여행에서 돌아와 집을 지을 때
가지를 뻗어 보금자리를 다독여줍니다
꽃길은 먼 길을 떠나지만
노랑나비는 바람개비를 돌릴 것입니다

집을 짓다

민들레 채송화 가꾸던 작은 손이 커지면서
동심 속 꽃밭은
따사로운 햇살을 멀리하고
잡초들이 자리를 잡았다

겨울철 방안 온기가 식어져 가고
참새들 보금 자리가 보이지 않을 때
기둥은 하나씩 뽑혀 나가고
집터는 땅 그림자를 지웠다

훗날 어린 날들을 주워담아
그림을 그려서 집을 짓고
바람이 스쳐가는 작은 터에
민들레 꽃씨를 뿌려야겠다

녹색 머리칼로 정원을 만들고
시집을 기다리는 우체통은
바라보는 나무에 걸쳐 놓고서
찾아오는 까치에게

안부를 물어보아야겠다

햇볕이 내리쬐면 채송화에 물을 주고
나이테를 같이하는 나무를
가지치기 하면서
장미꽃 한송이에 마음을 담아
멀리 있는 사람에게 전해주고 싶다

철길에 핀 민들레

가야 할 때를 두고 가는 길이 있다
벗어나고 갈라설 수 없기에
한 길로 이어지는 철길에서
야생의 외로움 달래며
거친 숨 홀씨로 던져졌다

가는 길에
한송이 의미를 담기위해
침묵의 날을 보내면서
홀로 싹을 틔우고 비바람 맞으며
가는 길을 마다하지 않았다

삭풍이 지나 갈 때는
다시 설 수 있는 봄을 기다리며
철길에 눈이 되어주는
꽃으로 피어났다

차창 너머 풍경으로 빠져들 때
바람을 싣고 달리는 열차와

얼굴을 마주하고
사람들 눈길을 끌 수 있는
몸짓을 펼치고 싶다

숱한 떠남과 돌아오는 길에
동행이 되어 주고서
철길에 피어나지만
누군가 바라볼 수 있는
꽃으로 남고 싶다

친구에게

새학기 교실 밖 창공을 바라볼 때
등 뒤로 다가서던 너
동무라는 봄싹이 텄다

눈빛을 같이 했던 시간들 속에서
낙엽이 날리기도 했지만
어느 곳에 모여 꽃을 피웠다

잠시 철책 앞에 선 군 시절
'통신보안 장미'라는 전선을 타고온
너의 음성
팔공산 아래서 만난 너의 짝이
공무원 끈을 바람에 날려 보내고
하늘 아래서 손을 맞잡았지

직장 생활에서 조여져 오는 넥타이에서
벗어나고자 나침판은
길을 찾지 못하고 돌아서기도 했지

어깨를 짓누르던 시간 속에 커가던
아들 딸들이 살아가는 모습에
빠른 걸음을 내딛고
여인이 걸었던 옛 길을 걸어가고 있다

아침을 깨우며 하루를 열고 달려온
시간들이 모아져서
구름이 걷히고 푸른 창공에는 따사로운
햇살이 동행하는구나

친구야 옛 시간은 머릿속에 남아
붉은 노을을 태우고 있다

커피 한 잔

프림커피가 달콤한 맛으로 다가선다
먼 산을 바라보며 피어나는
향기 속으로 빠져든다

마주보며 말을 늘어놓기도 하고
쉬어가는 디딤돌을 만들며
교감 속에 연결 고리를 찾아 나선다

침묵이 발걸음을 떼면
낙타를 타고 사막을 걸어
사구를 건너기도 한다

혼자 걷는 외로움은
오아시스를 부르지만
모래 바람이 되어 날아간다

꽃향기를 내뿜기도 하고
한 그루 나무가 되어
여백을 가지는 시간이 되기도 한다

많은 말들을 내뱉고 주워 담지만
커피는 말이 되어 허공을 가른다

커피잔 속에 얼굴을 비추면
거울이 된 내가
나를 돌아본다

그리운 어머니

그리움과 아쉬움을 남기며
어머니는 가셨습니다
자식들에게 살아오면서 부담을 지우시지
않으려고 그런지
어느 날 조용히 눈을 감으셨습니다

어머니 가실 때를 생각 못하고 살아온 저는
부모님은 기다려주지 않는다는 의미를
알지 못하고 어리석은 날을 보내고
있었는지 모릅니다

홀연히 떠난 어머니를 생각하면
지난 시간에 좀 더 잘해주지 못했던
마음이 저며 오릅니다

그 마음이 쌓여서 그리움과
아쉬움과 후회로 다가섭니다
허허로운 마음이 자리잡기도 합니다

불러도 대답 없는 어머니
불러볼 수도 없는 어머니입니다

어머니 편히 영면하시기를
두 손 모아 기도드립니다
어머니 편히 잠드소서

뒤를 보다

앞만 보고 달리던 시간들이
뒤를 돌아봅니다

멀리 떠난 것들이 되돌아와
빛 그림자를 남기고
잡아두지 못했던 여운들로
하나둘씩 성을 만듭니다

흘러가는 강물을 길을 떠나고
되돌릴 수 없는 시간은
창공을 가르는
새가 되어 날아가 버렸습니다

강물을 바라보았습니다
깊이를 떠올려 보고
들여다보지 못했습니다

걸어온 길을 끄집어 내어봅니다
나무만 보고 걸었던 날들을 더듬어

숲을 바라봅니다

숲속에는 무심히 지나쳐 버린
지난 날들을 불러봅니다

허공에 걸려진 지난 시간들이
앞으로만 걸어갔지만
바람에 떨어진 낙엽 되어
날아가는 것을 잡지 못했습니다

시간 여행

동해남부선을 달리던 열차는
수평선 너머 눈길을 찾아간다

갈매기가 뱃고동 소리를 따라가고
은빛 물결이 수채화를 그린다

바다에는 돛단배가 바람을 등에 업고
느리게 걸어간다

미풍으로 날아가는 파도는
잠자는 초침을 깨운다

바라보는 시선이 길을 찾아가고
시간은 기차를 탔다

기차는
수평선 파도 빛 하늘 구름 속으로
여행을 떠난다

다리 밑에서

계룡산 전설을 따라가기 위해
가는 길목에 빗줄기가 빗금친다
멈추지 않는 비는
허공을 타고 흐르고
안개는
계룡산에 걸터앉았다

멀리에서 달려온 발길이
다리 밑에서
뭄을 숨기고 멈추어 섰다
먹구름 바라보는 시간은
계류가 되어 흐르고
배낭 속에 숨겨진 도시락이
걸어 나온다

폭포 되어 내리던 소나기도
쉬어 가려는지
의자에 앉을 때 안개는
비옷을 걸치며 산을 오른다

깃대봉

너를 만나기 위해
먼 길 와서 새벽잠 설치고 밖을 나섰다

푸른 물에 떠있는 섬이 색을 드러내지 못하고
산길을 열어주지 않는 어둠이
동이 트기를 기다린다

길을 찾아 첫걸음을 내딛는다
휴대폰 손전등이 길을 밝히고
풀섶에 반짝이는 반딧불이
숲길 신호등이 되어 준다

멀리서 들리는 예배당 종소리가
홍도의 바다를 깨우고
산길 만나는 연리지가
인연을 묶을 끈을 내민다

땀방울이 어깨를 타고 흐르고
숙취가 호흡을 거칠게 하며

직박구리가 나무 숲을 오가며
아침을 노래한다

남도 바다 다도해
1004개 섬들이 모여 물결을 만들고
천사 이름표를 달았다
바람에도 꺾이지 않은 깃대봉이
펄렁이는 깃발을 꽂았다

꽃을 심다

고사리 손으로 조그만 터에
채송화를 숨겼다
흙 위로 내민 작은 얼굴로
가슴에 꽃 한송이를 달았다

햇살 닮은 모습에 눈을 맞추었고
눈 맞춤이 깊어지는 날
채송화는 여행 준비를 한다
어디로 갈 것인지
방문을 걸어 잠갔다

떠나는 모습에 익숙하지 못해
빈터에서 시간을 기다린다
바람 부는 날
꽃씨를 남기며 떠나갔다

대관령 안개

대관령 고개마루 길에
안개가 걸터 앉는다

회갈색 길이 만들어지고
뛰어가던 발이
천천히 걸어간다

안개를 깨우기 위해
불빛을 비추어 본다

불빛 속에 안개는
산 아래로 미끄러져 가고
금강송과 어우러져
산수화를 탁본한다

꺼진 안개등 뒤에서
고갯길을 숨긴다

백양산* 그늘을 걷다

한 여름 햇살 내려앉는
백양산을 걷는 발자국 소리에
숲향이 콧속을 맴돌며
지친 몸을 일으켜 세우고
키높이를 하는 편백나무가
그늘막을 만들며 햇살을 쫓아낸다

길 위에 땀방울이 떨어질 때
나뭇잎 그늘은 얼굴을 닦아주며
칠월 고비 사막길 쉼터가 되어주고
낙타등이 되기도 한다
나무의 장막을 걷는 걸음은
땀이 흐르지 않고
산비둘기 날아와 날개짓 할 때
바람이 발걸음을 가볍게 한다

* 백양산-부산 당감동

위양못에서

고목의 시간을 보낸 이팝나무가
위양못* 거울속 얼굴과 마주하고 있다

붉은 장미 시간이 가고
머리를 하얗게 물들여
찾는 이에게 선문답을 한다

푸른 말로 바람을 부르고
물에 잠긴 구름을 먹었지

손을 잡아주던 사람들은
꽃잎 흩날리는 유혹에 다가오고
멀리서 내 모습을 담아낸다

위양못을 둘러싼 내 그림자가
지나가는 발걸음을 붙들고
사람들 가슴 속에 깊이 새겨져
고목의 시간으로 나는 간다

* 경남 밀양 부북면 소재

이수도의 하루

세끼 밥상을 찾아 나서는 사람들이
선착장에서 시간을 기다린다

이수도를 오가는 배는
만선 깃발을 휘날리며 닻을 내렸다
갇혀 있는 섬 언덕에서 바라본 풍경 속으로
거가대교가 찾아온 길을 알린다

방파제 곳곳에 드리워진 낚시대는
휴일을 즐기고
산책길을 찾아 나서는 사람들은
바다 속에 빠져 들었다

이수도에도 저녁놀이 찾아들고
어둠이 내릴 때
모여든 사람들은 과거를 풀어놓는다

가는 길
선착장에 늘어져 있는 낚시대에서

바다 물결이 고요함을 깨고
휘어지는 낚시대가 바다힘을 다할 때
물속을 유영하던 대문어가
살던 곳을 뛰쳐나와
모여든 눈들이 감탄을 자아내고
낯선 땅을 밟았다

증도 여행

여름 햇살을 몰고
길 안내하는 음성이
시간 머무는 섬 증도* 다리 건널 때
해무는 그림자를 멀리하고
맑은 숨결로 섬을 감싼다

파도 소리가 모래를 실어 오고
해변에 드리워진 파라솔에 앉아
먼 바다에 걸쳐 있는 노을이
와인잔을 들 때
물결은 저녁을 삼킨다

아침시간
민박집 냉장고 소리가 새벽을 깨울 때면
햇살 따라서 다리를 건널 때
갯벌에서 숨을 내쉬는 짱뚱어가
물방울을 터뜨린다

썰물이 바다 속을 드러낼 때

백합조개가 얼굴을 내밀고
밀물이 바다를 채울 때
헤어짐을 아쉬워한다

바닷모래가 은빛 물결로
길을 만들고
지평선 가로지르는 모래바람은
백사장을 뛰어 간다

아침 햇살에 모인 땀방울이
모래가 되어
푸른 얼굴을 타고 흐른다

* 증도 : 전남 신안군에 있는 섬

지리산 종주

화엄사 이글거리는 빛을 이고서
중산리 가는 길을 나선다

하늘과 맞닿아 걷는 길
산새들도 오르지 못했는지
지저귐이 없다

산허리 걸쳐있는 구름이
바람과 함께 능선을 넘어 오고
길을 따라 발자국을 옮길 때

물 한모금에 목 말라하던
늙은 소나무는
고사목이 되어 앙칼진 몸매를 드러냈다

떡갈나무들이 땀방울 맺힌 길에
그늘막이 되어주지 못하고
목마른 걸음이 길을 달린다

갈증이 능선길에서 물을 찾고
촛대 바위에 걸터앉아
걸었던 길을 뒤돌아 볼 때
마른 입이 반야봉 노을을 삼키고
세석 산장에서 걸려온 전화음이
나그네 안부를 묻는다

유리창을 닦다

햇살이 유리창에 부딪힌다
불빛이 되어 눈으로 스며들지만
겨울추위가 몸을 감싼다

밖을 나섰다가 돌부리에 부딪혀
정강이가 멍이 든다
잘 다니지 않던 길을 찾아
몸을 맡겼지만
상처는 아물지 않는다

맑은 유리창을 보기위해
눈물을 내 몸 속에 뿌리고 있다

시간은 강물이 되어 흘러가고
걸었던 길이 새가 되어 날아갔다

잘 닦여진 유리창 너머로
햇살이 봄을 알린다

장미 가시

담장 너머에 장미꽃이 있다
바라보며 걸어가는 길에
가시에 찔린다

몸속으로 파고드는 가시를 빼기위해
기다리는 시간을 가져 보지만
가시는 깊숙이 숨어 버린다

가보지 못한 길을 찾아 나서지만
어둠이 비추며 햇살은 달아난다
석양이 저물어 갈 때
통증이 걸음을 재촉한다

통증을 삼키기 위해 손에 쥔 처방전을
바람에 날려 보내며 컵에 물을 따른다
가시를 문 갈매기가
푸른 바다를 날아간다

코로나19

우한에서 날아온 코로나가
문을 걸어 잠근다

벽이 사람들 사이를 가르고
깊은 산 속을 찾아들며
바람을 타고 온 공기가
옷깃을 털게 한다

바람 소리에 놀라 가면으로
코와 입을 가리며
사람들은 그림자를 숨긴다

등 뒤로 걸어오는 바람은
거리를 멀게 하고
참새들 재잘거림도
겨울 볏짚 속으로 숨어 버린다

외출을 꿈꾸는 사람들은
풍경을 바라보지 못하고

바깥 눈치를 살핀다

햇살 비치는 물에 발 담그고
솔잎 향 마시며
푸른 하늘이 보고 싶다

십리대밭길

5월 꽃향기 피어나는 태화강변
십리대밭길*을 걷는다
높이 솟아오른 녹색이 그늘이 되어주고
나무아래 솟아나는 죽순이
나래깃 손짓을 한다
사람들은 하늘 높은 키를 바라보며
십리 걸음을 옮겨 놓는다

웃음 색으로 피어나는 꽃 양귀비가
말을 건네고
몽롱하게 젖어드는 향기에 취해 버린다
갈 길 먼 십리대밭길이 나를 부른다
양귀비 향기에 비틀거릴 때
대나무가 지팡이가 되어준다
꿈에 젖은 십리길은 하늘과 키재기를
하고서 죽순을 키우고 있다

*울산 태화강변

젖은 바닥

스펀지가 젖은 물기를 훔쳐내면
바닥은 그림자를 지운다

물방울 떨어진 곳 지우개로 지우면
마른 숨결을 내뱉는다
어두웠던 얼룩을 다 지우지 못하고
따스한 손길을 한 번 더 더해간다

마른 손길이 지나가면
굶주린 이빨 드러내고
젖은 바닥은 창문을 열고
햇살을 받는다

창문 사이로 바람이 지나가고
햇빛이 찾아오면
물기 없는 바닥은 온기를 느낀다

젖었던 모습은 바람에 날아가고
젖은 바닥은 구름을 타고 떠나간다

손을 잡다

적막감이 깔린 철책에는
상처가 아픈 녹물을 뱉고 있다

만남 장소 한 켠 칸에
자리 잡은 얼굴들이
떨어져 쌓였던 그리움을 이고
흘러가는 강물 속을 바라본다

멀어져 있었던 손길은
가까이에서 잡았지만
따뜻한 온기가 오래가지 못하고
식어간다

바라만 볼 뿐 멍한 가슴을
바람에 날려 보내며
잡은 손을 동아줄에 묶여
나뭇가지 기둥에 매어 놓고 싶다

빗방울 속에 떠나는 버스는

새가 되어 날아간다

남북 이산가족은 손을 잡아도
놓을 수 밖에 없는 시간이 더해져
아픔이 쌓여 간다

아버지의 시간

문틈으로 스며든 공기와 햇살따라
창문을 바라 봅니다
가슴에 쌓인 어둠을 이기지 못하고
문밖을 나섰습니다

바깥 창공을 바라보지 못하고
희뿌연한 땅 그림자 끝에
멀거니 허공을 바라보며
오래된 시간이 바람에 날아가 버립니다

어둠이 깔리는 길 위에
발걸음은 삭풍에 고개 숙이며
시간 다툼에서 간직하지 못하는
체온이 빠져 나가고
망각된 사간으로 길 위에 누웠습니다

아픔을 같이하는 병원 모퉁이에서
단층 촬영기가
내 모습을 비추고 있습니다

얼굴에는 그늘이 져있습니다

한 그루 소나무가 되고자 하였지만
바람에 잠시 고개 숙이는
대나무는 되지 못하였습니다

부산진시장

사내 호기심을 가득실은 버스는
부산진시장 앞 정류소에 닿았다
란제리만 입은 숙녀가 각선미를 뽐내며
속살을 드러낸다
시선은 몸매를 주시하다
버스가 가면서 멀어졌다

내일도 버스는 이곳을 지나면
감추어진 곳을 찾는 눈이
버스에서 떨어질 줄 모를 것이다
란제리 숙녀도 시집을 갔는지
어느 날부터 보이지 않는다

용기를 내어 버스에 내려
눈인사라도 하고 싶었지만
어디로 갔는지 보고 싶은 그녀가
시간 속 사춘기를 담아낸다
부산진시장 영상이 되돌려진다

고추잠자리

붉은 옷치장으로 가벼움을 감싸며
햇살 아래 몸을 날개짓한다

길가에 피어나는 코스모스는 손짓하며 반기는데
꽃향기에 입맞춤하며 이내 자리를 뜬다

멀리 날지 못하는 고사길 걸음이 놀이터가 되고
하늘빛 아래 갈 곳을 묻는 서역은 또 어디인지

한 곳에 오래 머물지 못하고 허공을 맴돌며
어디론가 날아가는 뒷모습이
그늘진 몸으로 비쳐지고 있다

빛 그늘이 드리워지면 미로를 찾고
땅 위에 비쳐지던 그림자가 날개를 접는다

골목길

숨바꼭질이 살아있던 좁은 길에
웃음꽃 그림자놀이를 하던 길터에는
회색 건물이 키 높이를 하고 있다

외등이 잠자고 있는 모퉁이
짙은 어둠이 머물던 창가에
불빛이 새어 나오고
혼잣말을 하는 티비가 말을 걸어온다

유년은 여행길에서 돌아오지 못하고
추억 속으로 떠나갔다

오늘도 누군가 동심이 숨 쉬는 곳에
거미줄 매달린 어귀를 찾아
지우개를 들고 발걸음이 다가서고 있다

흑백 발자국을 사진 속에 담아두고
흙먼지를 멀리하고
단단한 모습을 드러냈다

그리움

날아가는 날개에 그리움을 담아봅니다
뒤돌아 보지 않는 새는
북쪽으로 강을 건너갑니다
앞모습을 지우고 가려는지
뒤를 돌아보지 않고
둥지를 터서 날아갑니다
같이 했던 시간은 향기를 뿜어내고
옛 그림자를 남깁니다
한 켠에 자리 잡은 얼굴은
보고 싶어 시냇물이 강물됩니다
멀어져 있던 시간을 주워 담아 보지만
모래성이 되어 바람에 날아갑니다
아련히 떠오르는 모습을 가슴에 담아
돛단배 띄워 찾아 나서지만
무지개 되어 돌아옵니다
손을 내밀어 잡을 수만 있다면
따뜻하게 잡아보고 싶습니다

달빛 그늘

하늘에 걸쳐 있는 달빛을
건져 올리려고
소나무를 타고 올라간다

푸름이 되어주던 가지는
발판이 되고
손잡이가 된다

굵은 나이테는 오를수록
가늘어지고
솔방울을 잡는다

발을 내딛어 한 발짝 디딤이
달빛에 닿지 못하고
추락하는 새가 된다

날개가 꺾이고
어둠 그림자가 감싸며
하늘을 바라본다

여름을 가려주는 그늘이 되지 못하고
겨울 따사로움을 부르지 못하는
그늘이 달빛을 맴돈다

오르지 못한 나무는 하늘이 되고
달빛 그늘이 되어 서있다

11월

입동이 찾아오는 길목에는
나뭇잎들이 떠날 채비를 한다

입술 내밀던 네 모습을
시간 속에 잠재우고
색깔을 달리하며 반겨주던
산 그림자는 오색향을 꽃피웠다

바람소리에 놀라 잠에서 깨어나고
오래 앉아 있을 수 없어 밖을 나섰다가
길을 잃고 거리를 방황한다

찬 공기가 바람에 날려
떨어진 낙엽들이 몸 구르며
돌아가지 못하는 슬픔을 토해낸다

바위 위에 앉은 나뭇잎은
오래 머물지 못하고
냇물에다 조각배를 띄운다

밝아지는 낙엽소리에
단풍은 석양이 되어 떠나고
겨울잠을 자기 위해
이불 속으로 달려간다

당단풍나무

경주 토함산 가는 길
비 내리고 바람 불어도 우산도 없이
지내온 당단풍이었는데
북풍이 지나가는 길목에서
나무는 옷을 갈아입는다
가지에 매달린 잎들이 오색을 칠하고
턱걸이를 한다

힘없어 까마귀 날개짓에 놀라
손을 놓았다
지상으로 떨어져 바람에 날리고
굴러가다 자리를 잡는다
지나가는 발걸음에 낙엽이
말을 걸어와
잘생긴 허리춤을 잡는다

가까이에 얼굴 맞대니
내 품에 안겨있다
책갈피 속에 들어와 앉히니

당단풍나무 얼굴이 가을을 물들인다

옛 울산역에서

지난시간 울산역 풀랫폼에 기다리는
비둘기호 기차는 좀처럼 오지 않았다

오는 길에 손 흔드는 사람을 싣고
이별을 아쉬워하는 발걸음이
쉼 없는 걸음을 하였지만
서 있는 사람을 생각하지 못했다

풀랫폼을 멀거니 서성거리는 사람들은
그리운 연인이 오기를 바라고
연인의 못다 한 속삭임을 실은 기차는
쉽게 오지 않았다

사람들은 하고 싶은 이야기를
혀에 품고서
기차가 오기만을 기다리고 있다

저 멀리 경적소리에 오랫동안 만나지 못한
반가움과 만남 시간을 담고서

사람들은 나만의 공간을 찾아나선다

플랫폼을 가득 실은 기차는
어머니의 품을 안고서
차창 너머 풍경을 뒤로 하고
기다리는 시간을 또 재촉한다

천왕봉 가는 길

가을이면 나무들은 입술을 칠한다
떨어진 잎을 밟고 천왕봉 가는 길
달을 찾아 가는 해가 길을 감추어 두었을 때
중산리 주차장에 차를 잠재웠다

장터목산장이 나그네 발길을 기다린다

빗방울이 가는 길을 앞세우고
꺼내 입은 우의가 눈을 가린다

낙엽비 맞으며 서 있는 칼바위
갈 길 바쁜 걸음을 붙든다

길을 지키고 서 있는 이정표는
눈 밝은 길이 되어주고
갈림길에 앉아 쉬고 있는 발걸음이
표지판을 숨긴다

감춘 이정표를 보지 못하고

먼저 가는 길을 따라간다
어둠이 스며들고 하산하는 산꾼이
산길 안부를 묻는다

갈림길에서 장터목으로 가지 못하고
로타리 산장으로 가는 빗방울 소리는
떡갈나무 잎 위에서 길을 잃고
나그네 등 뒤에서 어둠을 지켜보며
왔던 길을 내려간다

빗속에서 털갈이를 한 늙은 여우가
내려오는 길을 지켜보다
고개를 돌린다

책방골목

머리에 반짝이는 별을 찾기 위해
보수동 골목길을 찾는다

별은 어디에 숨어 있는지 보이지 않고
나는 미로를 간다

길에서 동심을 찾는 책들이
아이들 웃음소리를 부르고 있다

묻혀있는 글들이 손에서 꺼내져 나오고
순정이 담긴 글이 첫사랑을 꿈틀거린다

옆 골목을 들어서는 곳에는
먼지가 쌓여 지워지지 않은 글들이
빛이 바래져 퇴고 시간을 보내고 있다

골목에 얼굴 내민 책들이
지나가는 걸음을 붙들고 있을 때
밤하늘 아니라도 별들이 걸려있다

책을 펼치며

덮어 둔 책에는
보고 싶은 얼굴이 있다
오랜 시간을 접어 두었던
책갈피 속에는 읽고 싶던
언어가 가슴에 파도를 일으킨다
멀리 떠나지 않고 제자리를 찾아
눈길 속으로 파고들며
책 속에서 기차를 탄다

기차가 지나가는 길에는
이팝나무가 경적에 놀라
밥풀을 떨어뜨리고
물버들이 읊던 풍류들이
노래가 되어 들려온다
동해안 해안길을 달리며
높이뛰기 하는 돌고래를
만나기도 한다
책을 덮으니
기차는 정동진역에 멈추어 선다

광고 속으로

TV 신문 인터넷 거리에는
광고가 홍수되어 바다에 출렁인다

저마다 다양한 모습과 빛깔을 드러내며
가면 속에 얼굴을 숨기고
손짓을 부른다

어부를 홀려 물에 빠뜨려
죽었다던 세이렌*처럼
현혹된 날개는 바다에 던져진다

눈길이 유혹 속에 빠질 때
옷을 벗어 버리고 입맞춤이 더해진다

잠자는 심연 속 파도는
회오리가 몰아쳐
수심 깊은 곳으로 달려간다

눈길을 쫓아가고

귓속을 파고들 때
잠에서 깨어난 물거품이 흔들린다

비춰지는 광고는
하늘을 쳐다보게 하고
바다 속으로 집어넣으려 한다

* 세이렌 : 그리스 신화의 반인반조의 마녀

허수아비

가을 전령이 되어
풍성한 들 창고를 지킨다
따사로운 햇살은 저만치 가고
계절은 옷을 바꿔 입었다
물감 향기 나는 물결에 젖어든 보초병은
먼 들녘을 바라본다
황금물결이 바람 소리에 나폴거리고
이삭을 쫓아 날아드는 새는
두 날개 손짓에 깜짝 놀라
앉을 자리를 잃어 버렸다
허허들판을 벗 삼아 가슴을 적시며
영역을 지키기 위해 팔을 폈다
한 톨 양식은 허수아비가 지키고
날개는 허공을 맴돈다
뭉게구름이 떠다니면서
들판을 내려보고
허수아비와 함께
가을 수채화를 그려본다

환승역

가는 길은 곧지 못했다
굽어 가는 길목에서 내려야 했다

시간 맞추어서 보는 플랫폼은
또 다른 레일 방향을 가르키고
동행을 같이했던 열차 뒷모습은
안개 속으로 멀어져 갔다

멈추어 선 기다림은
가로등 불빛되어
님의 손짓으로 다가서고

막차처럼 기다려지는 열차는
풍경화를 그리면서
바람을 안고 다가선다

환승역은 가는 길에서
뒤돌아보고 앞으로 가는
나침판을 가르킨다

돈을 버리다

전광판 빨간 화살표는
용광로가 되어 끓고 있다
어디로 튈지 모르는 쇳물은
붉은 물을 쏟아낸다

빨강 파랑 옷을 입은 광대가
널뛰는 춤을 바라보며
초점 잃은 눈은 허공에 걸쳐있다

무지개를 좇아 용광로 속
보석을 건지려고 모여든 손에는
불타는 종이를 바람에 태운다

타고난 종이가 잿더미가 되어 쌓이고
형체없는 고철이 눈앞에 아른거린다

기다림에 지쳐 깊은 잠에서
눈을 떴을 때는
파란 화살은 창공을 날지 못하고

아카로스 날개*가 되어있다

터널 출구는 보이지 않고
용광로는 붉은색을 지우며
새는 날개를 펴지 못한다

녹슨 쇳덩어리는 버려야 하는
지난 시간들이
바람을 타고 갔다

*아카로스 : 그리스신화의 전설.
 아카로스 날개 : 추락하는 것은 날개가 있다

주소 불명

눈빛이 낙엽을 떨어 뜨린다
볼 붉히며 다가서던 그녀
철책선에 장미를 심었다

강물은 길을 떠나고
시간은 멈추어 섰다

눈 내리고 삭풍 불던 날
따뜻한 바람은 철책선을 타고 넘어 갔다

보고 싶어 찾아가던 날
기러기는 허공을 가르고 있다

남해 바다로 가는 걸까
남해로 편지를 부쳐야겠다

주소 불명으로 파도에 밀려 되돌아왔다

택배를 받고서

문자를 타고 택배가 도착했다
포장되고 이어지는 끈이
풀리지 않고 먼 길을 왔다

택배는 주인을 찾아
골목길을 들어서고
시간 다툼과 굴레의 짐이 전해진다

초인종 소리다 답을 전해주고
던져진 상자가 노출 시간을 기다리며
호기심을 불러온다

반가움과 설레임이 교차하며
맺어진 끈을 풀었다
담겨진 바램이 손짓이 되어주고
풀어진 표정이 웃고 있다

석가탑

토함산 얼이 서려
태고적 얼굴을 간직한채 불전을 지킨다

빗어내는 아사달의 기도가 모여져
아사녀 자태가
사람들 눈빛을 모으며
내 이력을 들여다본다

무명 화가가 그려내는
탑 속 비밀 문 속으로
눈길을 살포시 들여다 놓으면
먼 시간 속으로 여행을 떠난다

마주보는 시선이 이끼 낀 석탑을 말해주고
석가탑은 그림자를 감추고 있다

열리지 않는 문을 두드리지만
물음표를 달고
이 자리에 터를 잡고 우뚝 섰다

시간

시간은 기차가 되었다
멈추어 서는 것에 익숙하지
못한 기차는
새가 되기도 했다

차창 밖 풍경을 만들며
흘러가는 기차는
가시나무를 만나기도 하고
과꽃을 바라보기도 한다

뒤돌아보는 햇살과 어둠을
두고 가는 기차는
시간을 맞추어 가며
동반 여행길을 떠난다

비바람 폭설에는
기차는 멈출 수는 있지만
시간은 바닷길을 찾아 나서며
잠을 자지 않는다

내게 오지 않던 것들

두근거리는 옷깃을
잡으려고 기차를 탔다

경주 첨성대를 나란히 걸으며
북두칠성을 찾았다

밤 별빛 속에 얼굴을
드러내던 일곱 개 별은
낮 그림자를 비춘다

희미하게 비쳐지던 별을 따라
그림을 그려 보지만
일곱 개 별을 다 찾지 못했다

나무숲에 혼자 앉아있던
까치가
짝을 찾아 날갯짓 한다

돌아오는 길

기차는 철길 담장 너머에
피어나는
장미꽃을 보지 못했다

길 떠나가는 길

오래 걸었던 길을 떠난다
길에서 가시나무를 만나기도 하고
장미꽃을 바라 보기도 했다

오늘 떠나는 길에는
가시나무와 장미가 보이지 않는다
달려가는 버스에는 침묵이 흐르고
차창에 부딪치는 빗방울이
쌓여있던 티끌을 씻어 내린다

말없이 찾아가는 길목에는
날개 접은 지난 시간이
흔들림과 햇살 여정이 함께했다

하늘로 가는 길에는
국화꽃이 하얗게 피어
찾아오는 이를 반기고
기도와 찬송이 새 길을 연다

떠나야 하는 길에서
잠시 머물던 시간을 모두 태우고
재가 되어 양지바른 터에 잠이 들었다

알몸 마라톤

2019년 1월 6일 아침
대구 두류공원에 칼바람이 귓전을 때리며
차가운 공기가 함께하는 동행 길에서
도로 위 열기가 추위를 잠재운다
모여든 사람들은
보디 페인팅으로 부끄러운 몸을 살짝 감추고
길 위에 축포 함성이 소리칠 때
도로는 푸른 물결이 되어 흘러간다

저 멀리 몸을 움츠리는 사람 곁으로
알몸이 열나는 스트레스를 토해내며
바람으로 달려간다
매서운 바람이 도로 모든 것을 쓸어가고
아스팔트가 단단함을 드러낼 때
체온을 길 위 발자국을 녹인다
북극에서 찾아온 추위가
모여든 함성 열기에 녹아내릴 때
하루는 뜨겁게 지나간다

눈속의 철책선

눈꽃이 철책선에 피어날 때
북녘땅은 색 하나로 드러났다

겨울 햇살이 눈 시리도록 빛나고
바람도 내리는 눈 속에 잠겨 버렸다

희미하게 들려오는 대남방송도
눈속에 묻혀 버리고
날아드는 직박구리 새도 숨어 버렸다

아무도 찾지 않는 DMZ 나무들도
눈꽃 선물에 순백 옷을 갈아입고서
태초 이전 숨결을 드러냈다

눈꽃 핀 철책선이
눈이 되어 녹아내리면
남과 북이 만나고
철책선 넘어 길을 걸어가고 싶다

국밥 한 그릇

눈발 타고 온 공기가 볼 스쳐갈 때
지나가는 발걸음은
문닫힌 국밥집을 쳐다보는
여자 노숙인을 바라본다

남루한 옷이 언 손을 녹이지 못하고
눈빛은 배고픔을 따라간다

떼어지지 않은 발걸음에
손은 바지 주머니를 뒤척이고
편의점 초코파이가 발을 따라왔다

전해지는 손길이 추위를 녹일 때
바람은 걸음을 멈추었다

냉가슴 속을 뒤척이게 하는 겨울밤
어둠이 빛을 만날 때
발걸음을 떼게 하고

따사로움이 하늘에서 내려오는 곳을
찾아가고 있다

뱃속을 채워주는 국밥 한 그릇이
따뜻한 그림자를 부른다

고독사

시간을 기다리는 사람이 있다
슬픔과 상처를 떨쳐 버리지 못하고
지난 날이 낙엽되어 외로움으로 남는다

발자국들이 영상이 되어 스친다
즐거움이 잠깐 스쳐가고
녹이 슨 아픔이 오래토록 내비친다

오늘도 돌아오는 그림자를 찾아
밖을 서성인다
다가오는 개가 꼬리를 흔든다

한 뼘 뿐인 방 안 공기는
창살에 햇빛이 비추지만
따스함을 잊고 산지 오래다

벽에 걸려있는 달력이 외로움 타래로
엮어지며
밀려오는 물결을 안고 잠이 든다

바람 앞에 서다

버스는 깊은 밤 시간을 달려왔다
별들이 길을 가고
손전등이 가고자 하는 길을 가리킨다

한 걸음 한 걸음이 불빛이 되어주고
긴 행렬이 산길을 오른다

소나무 싸리나무 길숲 피어나는 진달래도
색 하나로 비쳐지고
어둠이 빛을 더할 때
내 모습을 드러냈다

걸음에 높이가 더해지고
하늘에서 불어오는 바람은 파도가 되어
바위가 얼굴을 때린다

물결치던 파도가 풍랑으로 다가설 때
바람을 안고 설악산 대청봉에 우뚝 섰다

거제 망산 정상에서

안개구름이 산능선을 넘는다
망상에 불어오는 산바람이 나를 부르고
푸른 떡갈나무가
바람과 함께 반겨준다

망산 표지석에서 바라볼 수 있는
낯익은 파도에 떠있는 섬들은
안개 속에 모습을 감추며
소매물도는 깊은 잠에 빠졌다

눈앞에 다가서는 대매물도도
밀려오는 흐린 물결에
아침을 깨우지 못하고 있다

잠시 머문 망산 정상은
잿빛 바람에 고개 숙이는 떡갈나무와
희뿌연한 안개 날씨가
바다 안부를 전하고
회갈색으로 된 산 모습에 빠져든다

바닥

전광판 초점이 흐려진 곳에 불빛이 빛나고
불투명한 빛을 찾아
불 속으로 뛰어든 나방이 있다

불덩이를 보고서야 절벽 위에 낭떠러지가 있고
그는 절벽 끝에 서있다

불빛이 촛점을 찾았을 때는 추수 끝난
벌판 한가운데
강물을 가로막는 장벽이 있다

두꺼운 장벽을 온몸으로 밀어 보지만
물방울 나약함을 느끼며 깊은 잠에 빠졌다

내키지 않는 꿈 속 늪에서 허우적거리며
감기는 눈꺼풀을 걷어낸다

대천공원 벤치에 앉아 물안개 자욱 깔려있는
호수를 바라보며 한숨을 토해낸다

성난 까마귀

오봉산 신갈나무 가지에
새순이 얼굴을 내밀고
바람소리 가로지르며
천리향 먹이 찾던 까마귀는
산자락 옥상에 걸터앉았다

닫힌 창문을 타고 피어오르는
춤사위 냄새에 마른 침을 삼키고
허기를 달래기 위해 텃밭으로
기지개를 폈다

겨우내 양지 바깥으로 나오길
손짓하는 겨울초를 앞에 두고
뿌리로 갈증을 달래고 섰다

추위를 견뎌낸 잎사귀는
삭풍에 날아가고
앙상한 줄기가
봄 햇살을 바라본다

한 모금 겨울초에 목을 적시고
배고픔을 찾아 성난 까마귀는
흙먼지를 일으키며
하루 허공을 가른다

소외

길을 가다 탱자나무 가시에
손등을 깊이 찔렸다

상처는 아물었지만
상처를 기억하는 몸은
날이 가도 덧나기만 한다

웃음은 회색빛 그림자를 그리고
가을바람에 뒹구는 낙엽이 되었다

누군가 따뜻한 말 한마디도
갯바위에 부딪치는 파도가 된다

물결이 조각나 아픔을 말해주고
되돌릴 수 없는 시간으로 남는다

수평선을 혼자 날아가는 갈매기가
뱃고동 소리를 따라가고
웃음 그림자가 바위를 때린다

버리며 산다

발길이 찾아가고
숨결이 파도에 출렁 거리던
달맞이 아래 동네가 있다
푸른 물결이 한 뼘에서 소리치고
해운대 장산이 마주하며
하늘에서 꿈을 꾸었던 방이다
그리움이 묻어 있고
오월에는 카네이션 한송이가
찾아가는 안식처다

겨울바람이 강풍이 되어 불던 날
전화벨소리는 깊은
잠 속으로 빠져 든다
잠에서 깨어났을 때
갈매기가 발자국 남겨진
종이를 물고 바다를 날고 있다
이제 버리며 산다

오봉산* 겨울산행

낙동강 바람이 오봉산을 타고 오른다
뭉게 구름과 마주치는 능선길
얕은 햇빛에 거칠어진 추위가
짧아진 목은 사슴으로 만들지 못하고
하늘빛 따사로움이 비쳐지면
작아지던 몸짓이 기지개를 켠다

산행길에 맞닥뜨려지는 바위돌은
신발에 돌덩이를 얹는 것 같고
외투를 뚫은 차가움은
바쁘게 체온을 훔쳐 달아나고 있다

양지바른 자리에 앉았다
겨울 추위를 맛보기 위해 소주잔을 들었다

물 한 모금에 가슴 적시며
발길은 바위돌에 긁혀가며
추위에 맞서 가는 길에 언 몸을 녹인다

능선 아래로 물금 아파트가
키높이를 하고 다가서며
따뜻한 온기가 산바람을 잠재운다

*오봉산 - 경남 양산 물금 소재산

하늘 아래

파란 도화지에
흰 물결 그려내며
붓칠한 안개 구름은
산 능선에 걸쳐있고
미풍을 타고 걸어간다

날아가는 새는 지평선을 달리고
뭉개구름은 여행을 떠나며
시계가 말을 걸어 올 때면
나무들은 옷을 갈아입고
하늘을 쳐다본다

산 아래 타워 크레인은
벽돌을 한 장씩 쌓아 올리고
망치소리는 메아리가 되어
걸음을 재촉한다

하늘 아래 그림자는 낯선
그림으로 바뀌고 있다

문장대 가는 길

돌담길 한 계단이 발자국이 된다
문장대가 가까이 다가선다
돌계단 길이
걸음에 지팡이가 되어 이끌어 주고
소나무 가지 위에 앉은 바람소리가
얼굴에 묻은 땀을 말려준다

산을 높이고 있는 기암절벽은
산능선에 걸쳐있고
문장대가 얼굴을 드러낸다
바위 위에 집을 지은 소나무는
소리치는 바람에 울고 있고
설해목 나뭇가지를 떼어내며
안에다 줄 하나를 더한다

봄이 오는 소리에
계곡에서 잠을 자던 얼음은
햇살에 놀라
물 흐르는 소리를 들려준다

잃어버린 시계

산길에서 잃어버린 시계를
찾아 나섭니다
나침판을 바라보며 방향을 찾아
소나무에게 묻기도 하고
진달래에게도 물어봅니다

소나무는 모른다고 말문을 닫고
진달래는 산들거리며
미소만 짓습니다

잃어버린 시계는 바람이 되어
얼굴을 꼬집고 달아났습니다
낙엽 속에 감추어져 있는 시계는
멈추지 않고 가는 초침으로
강물을 만들었습니다

산능선을 타고 넘어가는 바람은
그물에도 걸리지 않은
시간이 되었습니다

서울역 지하철 통로

추위가 얼굴을 매만질 때면
서울역 지하철 터널에는
종이 상자가 침상을 차린다
옹기종기 체온을 감싸 안으며
벽돌집을 짓고서
얼음을 녹이는 물통이
옆자리를 지킨다
겨울밤은 시베리아 벌판으로
달려갈 때
어둠은 아침을 깨우지 못한다

뒤척이는 눈동자가 눈을 뜰 때면
얼었던 땅을 녹이며
걸음을 옮겨본다
갈 곳 없는 걸음은
서울역을 맴돌고
지하철역에는
빛과 그림자가 어울린다

시간은 길을 간다

꽃다운 나이 스물
맺었던 연은 들국화로 피어났다

가는 길에 가시덩굴도
있었지만
가시나무를 꺽지 못하고
바라보며 걸어왔다

따사로움이 비추었지만
먹구름 속에서 비가 내렸다

비가 그치고 허허벌판
한가운데 서서
그림자가 소나무를 멀리했다

걸어온 길이 꽃향기가 되어
스치고 간 발자국이
길바닥에 새겨졌다

차가운 바람이 불어오는
경자년 12월 3일날
연은 바람소리에 놀라
연줄을 놓고 말았다

남겨진 나무들은 걸었던
발길을 따라
표지석을 세운다

낙동강을 바라보며

황지못 새벽길을 나서는
첫걸음이
다음역인 봉화에 도착했다

산골 어린 소년이
낙동강을 따라 가는
강물열차를 탔다

기차는 발이 뛰놀던 풍경을
뒤로하고
종착지인 부산에서
바퀴에 자물쇠를 채웠다

길숲 피어나는 유채꽃이
손을 흔들어 주고
낙동강변에 걸터앉은
나룻배는 떠가는 구름을
바라본다

강변 의자에는 허수아비가
유영하는 청둥오리를 따라
물속을 들여다본다

강물 속에는 걸어온 길이 비치고
강변에는 걸어서 다녔던
발자국이 있다

철새들이 집을 찾는 낙동강
하구언 둑에는
갈대숲에서 불어오는 바람이
먼 길 안부를 묻고
노을이 지나온 길을 비추고 있다

부르스 리* 동상 앞에서

홍콩 구룡반도 영상 길에서
부르스 리 동상 앞에 섰다
단련한 근육이 걸음을 멈추게 하고
시선은 철없던 시절 재생필름이
영상 거리에 되돌려진다
한 시대를 풍미하고 전설이 되어
동상 속으로 먼 길을 갔지만
거리에서 만난 그는
쿵후를 달래고 있다
젊음을 닮아가고 흉내내어 지는
산물이었다
부르스 리가 푸르게 살던
바다를 바라보며
젊은 나래를 펼쳤던 지난 시간을
그의 몸짓이 말해주고 있다

*이소룡 : 홍콩 쿵후배우

□ 발문

자전적 사유와 일상적 도전

강영환(시인)

□ 발문

자전적 사유와 일상적 도전

강영환(시인)

　배영대 시인의 「철길에 핀 민들레」는 철길과 민들레를 통해서 지난 시간 자신의 삶을 들여다 보고 청년일 때의 시간과 마주하여 민주화 함성이 소리치고 산업화 물결이 강물을 따라 가던 철길의 산업화와 밟아도 밟히지 않은 민주화 함성의 이미지를 민들레로 가져 왔다 한다.

　프랑스 철학자 메를로 퐁티는 보는 것의 나르시즘을 말하며 보는 것을 통해 사물과 자아가 하나가 된다고 하였다. 즉 내가 사물을 보는 것은 곧 사물이 나를 본다는 것이다. 여기에서 배영대 시인이 민들레를 가져와 민들레가 상징하는 의미, 혹독한 겨울의 추위도 이겨내고 철길이라는 힘든 땅에서도 피어나는 민들레를 통하여 자신의 삶을 형상화 시켰다고 할수 있다.

　민들레는 우리들 주위 양지바른 초원이나 들판 길가에서 쉽게 볼 수 있다. 산과 들에 자연스럽게 피어나는 민들레를 보면서 시인은 자신의 꿋꿋한 삶을 꿈꾸며 살아 왔을 것이다. 그런 의미에서 시인의 시는 자연 일상 속에서 보여주고 비쳐주는 것을 소재로 선택하고 그 대상에 자신을 투영해 쓴 글이 대부분을 차지한다. 시는 자신의 삶을 풀어낼 때 가장 절실한 울림을 준다. 삶에서 부대끼며 만난 대상들을 시로 형상화 시킬 때 가장 쉽게 와닿는 부분이다. 배영대 시인의 시들은 그런 의도를 가지고 직접 체험한 일들을 풀어내는 작업이라고 생각된다.

배영대 시인은 2021년《문학도시》신인상에 시가 당선됨으로써 문단에 이름을 올렸다. 배영대 시인의 작품은 예술적 접근보다는 일상 생활적 측면으로 접근하는 것이 이해하는데 훨씬 용이하다는 생각이다. 평생 느껴 왔을 삶에 대한 이해와 부딪히는 대상들에 대한 접근 방식도 자전적 인생관에 맞추어 이해하고 있다할 것이다. 그의 삶에서 간직해 왔던 시간속에서 마주했던 철길, 마라톤, 등산, 여행을 통해 얻어진 일상적인 사유들로부터 크게 벗어나지 않는 사유들을 담고 있어 어려움이 느껴지지 않는다.

난해하다든가 읽어내기 힘듬과는 거리가 먼 가까운 일상적인 체험들과 주변 대상물들과의 교감형식을 갖고 있다. 그러기에 화려한 수사도 동원하지 않고 뜻 모를 상징도 차용하지 않아서 수더분한 생활 속 관념의 원형을 그대로 살려내고 있어 편안한 이웃집 아저씨와 같은 모습으로 누구에게나 공감을 준다.

배영대 시인과의 인연은 부산진구 작품공모전에서 시와 수필이 우수한 작품으로 선정되면서 전문적인 문학 수업이 필요함을 느끼고 나의 영광시장작교실에 문을 두드리면서 만나게 되었다. 그 후 제40회 근로자 문학상에 입선하는 등 매우 열정을 가진 분임을 스스로 증명해 보였다. 배영대 시인은 자신의 삶을 성실하게 작품으로 기록해 놓고 있다. 그래서 자전적이라는 의미를 달고 싶다. 배영대 시인의 일생을 개괄적으로 들여다 볼 수 있는 작품 하나가 있다.

황지못 새벽길을 나서는
첫걸음이
다음 역인 봉화에 도착했다

산골 어린 소년이
낙동강을 따라가는
강물 열차를 탔다

기차는 발이 뛰놀던 풍경을
뒤로하고
종착지인 부산에서
바퀴에 자물쇠를 채웠다

길숲 피어나는 유채꽃이
손을 흔들어 주고
낙동강변에 걸터앉은
나룻배는 떠가는 구름을
바라본다

강변 의자에는 허수아비가
유영하는 청둥오리를 따라
물속을 들여다 본다

강물 속에는 걸어온 길이 비치고
강변에는 걸어서 다녔던
발자국이 있다

철새들이 집을 찾는 낙동강
하구언 둑에는
갈대숲에서 불어오는 바람이
먼 길 안부를 묻고
노을이 지나온 길을 비추고 있다

—「낙동강을 바라보며」 전문

 낙동강이 발원하여 7백리를 흘러 부산 다대포 바다에서 흐름을 멈추는 것에 비유하여 자신의 삶을 그려낸 작품이다. 황지못에서 발원한 낙동강이 첫 역인 봉화에 도착한다. 봉화는 시인이 태어난 곳이다. 그곳에서 어린 소년이 강물 열차에 몸을 싣고 강물 따라 흐르는 삶을 시작한다. 기차는 어릴 적 뛰놀던 풍경을 뒤로하고 종착역인 부산에서 바퀴에 자물쇠를 채우고 더이상 달려가는 길을 멈추었다. 강변에 심어진 유채꽃을 바라보며 흐르는 구름도 감상하고 의자에 앉은 허수아비도 흘러온 강물을 바라본다. 강변에는 자신이 찍어 남긴 숱한 발자국이 있고 강물이 막힌 하구둑에는 갈대숲에서 불어오는 바람이 먼 길의 안부를 묻는다. 저무는 석양 노을이 지나온 길을 비춰 준다.

  이 작품을 쓰면서 무한한 감흥에 젖었을 시인의 모습이 그려진다. 작은 실개울로 시작하여 바다에 이르는 강물의 거대한 흐름처럼 살아 온 자신의 모습이 보였을 것이다. 이런 자신의 삶을 형상화하여 작품으로 이끌어낸 자신을 노을 속에 비친 길로 보여줌으로써 마라톤에서 결승선을 통과한 성취를 이룬 것과 같은 행복감에 젖어 있음을 엿볼 수가 있다.

  시인은 철길이라는 이미지를 통해서 속일수 없는 직업의식을 드러냈고 그 시들이 「**철길에 핀 민들레**」「**철길**」「**환승역**」「**옛울산역에서**」「**폐선역**」 등이다. 이를 통해 자신이 겪었던 삶의 체험들을 시의 이름을 빌려 드러내 보여 준다.

  또 시인의 시는 일상을 통해서 자신의 일반적인 느낌을 그대로 적어 형상화가 덜된 면도 갖고 있다. 시는 이미지를 형상화하고 은유와 비유를 통해서 시적 완성도가 더해질 수 있다. 묘사와 진술을 적절히 사용해야 시가 고급스럽게 발전해 가는 것이다. 시인은 이런 것들을 깊이 있게 생각하고 고쳐나가는 과정이 필요한 부분으로 다가온다.

  떠나는 기적이 쌓이고 어둠이 밀려오면
  자갈로 양탄자를 깔았다
  두 줄기 레일이 마주할 때면

뜨거운 가슴을 내밀어 하늘을 본다

무서움에 소리치던 경적에
이팝나무는 하얀 밥풀을 바람에
떨어뜨렸다
달려가는 열차에 어둠은 길을 비켜주고
앞서가던 시간은 걸음을 멈추었다
차창 안 주고받는 소문을 가득 싣고
땅속에 뿌리를 내리며 자리를 지킨다

비바람이 길을 가려도
눈 덮인 산야가 풍광을 담아내도
철길은 두 줄기 물길을 하나로 엮어
바다로 가는 길을 열어주며
잠들지 않는다

―「철길」 전문

 자갈로 양탄자를 깔아놓은 철길, 얼마나 철길을 바라보는 마음이 지극했으면 자갈돌들을 양탄자로 만들었을까. 거기에다 두 줄기 레일이 마주할 때면 벅찬 가슴을 내밀어 하늘을 본다고 하였다. 레일 위에 선 자신이 가장 행복한 순간을 맞이하고 있다. 달리는 열차에게 어둠은 길을 비켜주고 앞서가는 시간도 걸음을 멈춰 선다. 그만큼 철길 위의 항로는 모든 것을 아름답게 바꿔 놓기도 한다. 차창 속에서 마주 보는 얼굴끼리 주고받는 따뜻한 소문을 가득 싣고 기차는 달린다. 이 모습은 우리 이웃들이며 서민들이 열차를 이용하는 모습이다. 이런 모습은 철길 위의 뿌리가 되어 흔들리지 않고 자리를 지켜선 민들레와 같다. 비바람 부는 시련이나 눈이 내려 풍광을 바꾸어 놓더라도 두 줄기 철길이 하나로 엮어 만들어내는 물길은 바다로 가는 길을 열어주며 잠들지 않는다. 여기에서 바다로 가는 길은 철도의 종착역은 늘 바닷가에 있기 때문이다. 이렇게 철길이 지닌 아젠다를 정확하게 이끌어낸다. 철길은 우리 삶의 뿌리이며 가장 친근하게 다가오는 물길과 마찬가지라는 뜻을 드러낸다.

철길에서 만날 수 있는 시인의 표제작을 들쳐본다

가야 할 때를 두고 가는 길이 있다
벗어나고 갈라설 수 없기에
한 길로 이어지는 철길에서
야생의 외로움 달래며
거친 숨 홀씨로 던져졌다

가는 길에
한 송이 의미를 담기 위해
침묵의 날을 보내면서
홀로 싹을 틔우고 비바람 맞으며
가는 길을 마다하지 않았다

삭풍이 지나갈 때는
다시 설 수 있는 봄을 기다리며
철길에 눈이 되어주는
꽃으로 피어났다

차창 너머 풍경으로 빠져 들 때
바람을 싣고 달리는 열차와
얼굴을 마주하고
사람들 눈길을 끌 수 있는
몸짓을 펼치고 싶다

숱한 떠남과 돌아오는 길에
동행이 되어 주고서
철길에 피어나지만
누군가 바라볼 수 있는
꽃으로 남고 싶다

—「철길에 핀 민들레」 전문

철길에 핀 민들레는 시인의 자화상이다. 벗어날 수 없는 철길에서 거친 숨 몰아쉬는 야생의 홀씨로 던져진 민들레는 온갖 시련과 외면 속에서도 자신의 생명을 지키며 굳건하게 삶을 지탱해 왔다. 억척스런 철도인의 표상을 대신한다고 보아도 무방할 것이다. 묵묵히 지켜나가는 삶 속에서도 열차를 타고 지나가는 숱한 이들과 마주보면서 그들의 눈에 띄는 작은 몸짓이라도 펼쳐 보이고 싶은 욕망이 남아 있다. 그러나 그것은 민들레의 욕심일 뿐 실상은 숱한 떠남과 돌아오는 길 위에서 누군가의 동행이 되어주고 누군가가 바라볼 수 있는 꽃으로 남고 싶은 것이 전부일 뿐이라는 소박한 꿈을 간직한다. 걸림없이 살고 욕심없이 살라는 성현의 말처럼 그의 시에는 욕심이 걸러져 있는 소박한 모습이다. 사물을 노래한 작품들 속에서도 사물들의 존재 말고는 특별한 의미를 담는 작품이 발견되지 않는다. 이런 모습은 배영대 시인이 견지하고 가져왔던 정직한 삶의 모습이 아니었을까한다. 그러기에 직업으로 가지는 철길을 생각해 왔고 다음으로 가장 밀접하게 다가오는 삶은 시인이 취미 생활로 가졌던 마라톤이다. 달리기를 하면서 느꼈던 온갖 시련들과 이를 극복해 가는 마음을 묶어낸 작품들이다.

숨 가쁜 승전보의 알림은
가벼운 날개짓으로 시작되고
월계관을 차지하기 위한
동행길 위에서 승리의 달림이 펼쳐진다
열정으로 시작된 도전이 임계점을 지나며
어느덧 가슴 압박이 밀려오고
느린 발걸음이 산능을 기어오른다

길 위에는 격려의 함성이 파도치며
농악대 북소리에 저 멀리서

나를 기다리는 걸음은 바빠진다

여기까지 온 시간 다툼이 계속되고
마지막 눈물과 웃음이 흐르는 시간이 겹쳐지며
결승점이 나를 부른다
길에서의 여정이 끝나고
손을 들어 하늘을 바라본다
푸르구나
42.195km 뛰어본 사람이 터하는 느낌표다

—「42.195」전문

 이 세상에 쉽게 얻어지는 것은 없다. 체력이 임계점에 도달할 때까지 달리면서 떠오르는 온갖 생각들을 지우고 무거워져 오는 다리를 한 발자국씩 옮길 때 생각나는 것은 오로지 결승점에 도달해야겠다는 일념뿐이다. 극한의 상황에까지 신체를 내몰면서 얻어지는 성취감이야말로 해탈의 경지와 맞먹는 행복감을 안겨다 줄 것이다. 그런 누구도 쉽게 맛보지 못할 성취욕이 있기에 매번 힘든 마라톤에 도전하고 자신이 처한 현실을 이겨내는 이정표로 삼은 것은 아닐까. 배영대 시인이 마라톤의 경험들을 살려낸 작품들로서는 「북극곰 수영대회」 「자화상」 「알몸마라톤」 등이 있다. 시 쓰기 이전에 그는 한동안 오래도록 마라톤에 집중해왔다. 마라톤 대회라면 원거리를 불문하고 달려가서 달렸다. 마라톤을 하면서 자신을 단련시키기도 했고 삶을 돌아보는 시간을 갖기도 했을 것이다. 흔히들 인생은 마라톤에 비유하지만 마라톤을 하면서 만났던 자신의 모습들이 시에 묻어난다.

세종로
출발선상에 첫 신호가 울렸다
먼 길을 가기 위해
발걸음을 내딛는다

남대문을 지나 청계천을 달릴 때
청둥오리를 만나며
지나쳐 버린 시간들이
물길 따라 흘러갔다

발자국에 잡아 두어야 했던 시간들이
나뭇잎이 되어 떨어진다
돌아보지 못한 날들이 어깨를 누르며
삭풍에 화살 되어 날아갔다

하늘 아래 떠 있는 햇살을 보기 위해
비구름이 지나갔지만
일곱가지 길을 찾아 허공을 맴돈다

잠실대교에 걸쳐져 있는 무지개를
잡기위해 뛰어서 건널 때
빛은 잠실스타디움으로 숨어 버리고

다시 발걸음을 떼고 있다

창공에 보이는 푸른 꿈을 찾아
손을 펼치고
자화상 속으로 뛰어간다

―「자화상」 전문

위 시는 서울 한복판을 달리면서 느낀 감회를 승화해낸 작품이다. 달리기하는 자신의 모습 속에서 삶은 마라톤이라는 명제를 이끌어내고 스스로를 발견해 낸다. 그가 도달하고자하는 곳은 결승선이 아니라 푸른 꿈이 있는 곳이다. 늘 꿈꾸며 살고 싶은 자신을 찾아낸 것이다. 그래서 그의 도전은 끝이 없이 이어지고 있다. 체력이 마라톤을 지탱할 수 없을 즈음 시인이 선택한 활동은 등산이다. 명산을 찾아다니며 새로운 세계에 몰입하곤 한다. 시인은 떠돌이 영혼을 지닌 짚시와 같다하지 않았던가. 한곳에 머무르기를 싫어하며 늘 새로운 변화를 꿈꾸는 시인은 산을 타면서 산이 주는 새로운 세계에 흠뻑 취해 들기도 하고 여행을 통해서 새롭고 낯선 세계에 몰입하기도 한다. 그의 시들은 마라톤이나 등산, 여행을 다니면서 만난 사물과의 대화라고 볼 수 있다. '내 속에 숨겨진 빛을 찾고 건져내'(「**빛을 건지다**」) '별을 캐기 위해/ 노고단을 찾았다 '(「**별을 보다**」)에서처럼 그들과의 대화를 통하여 자신의 존재를 확인하고 삶에 대한 의미와 행복을 찾아내기도 하는 것이다. 산행에 관한 시들로는 「금련산표지석에서」「다리 밑에서」「깃대봉」「백양산 그늘을 걷다」「지리산 종주」「천왕봉 가는길」「거제 망산 정상에서」「성난 까마귀」「문장대 가는 길」「오봉산 겨울 산행」「하늘 아래」「잃어버린 시계」가 있으며 그의 새로운 도전은 창작에 이르게 된다. 수필을 쓰고 시를 짓고하는 새로운 도전에 도달하여 있는 자신의 모습을 발견한다.

  화엄사 이글거리는 빛을 이고서
  중산리 가는 길을 나선다

  하늘과 맞닿아 걷는 길
  산새들도 오르지 못했는지
  지저귐이 없다

  산허리 걸쳐있는 구름이
  바람과 함께 능선을 넘어오고
  길을 따라 발자국을 옮길 때

  물 한 모금에 목말라하던
  늙은 소나무는
  고사목이 되어 앙칼진 몸매를 드러냈다

  떡갈나무들이 땀방울 맺힌 길에

그늘막이 되어주지 못하고
목마른 걸음이 길을 달린다

갈증이 능선길에서 물을 찾고
촛대 바위에 걸터앉아
걸었던 길을 뒤돌아볼 때
마른 입이 노을을 삼키고
세석 산장에서 걸려온 전화음이
나그네의 안부를 묻는다

―「지리산 종주」 전문

  지리산 종주는 지리산을 다니는 사람에게는 성지 순례길과 같은 텍스트에 속한다. 지리산 종주는 인월에서 시작하여 서북 능선을 돌아 주능선을 타고 밤머리재를 넘어 달뜨기 능을 타고 백운골로 하산하는 태극종주와 천은사에서 출발하여 성삼재로 올라 주능선을 타고 치밭목을 거쳐 가랑잎학교로 하산하는 일반 종주와 화엄사에서 출발하여 주능선을 타고 중산리로 하산하는 종주와 간편하게 성삼재에서 출발하여 중산리로 하산하는 간편 종주가 있다. 바쁜 시간에 쫓기는 요즘 산악인들은 간편 종주를 하고 난 뒤 지리산 종주를 몇 번씩 했다고 자랑을 늘어놓기 대부분이다. 그것은 편리하게 주능선만을 걷는 산행이기에 종주의 범주에 넣지 않는다. 힘들여 주능선에까지 오르는 과정이 생략되어 있기때문에 진정한 종주 산행이 아니라는 것이다. 위에서 시인의 출발점은 화엄사이다. 중산리로 하산하는 가장 보편적이고 일반적인 종주를 한 것이다. 간편 종주를 제외하고 어느것 한 가지라도 쉬운 종주는 없다. 해발 5~60m 정도인 화엄사에서 출발하여 해발 1100m 정도 되는 코재까지 숨이 코에까지 턱턱 막히는 극한의 신체적 한계에 도달해야만 가능한 등정이다. 특히 여름철 종주는 태양과의 혈투를 한다고 하지 않던가. 그 힘든 한계에 자신을 밀어 넣는 것은 마라톤에서 임계점에 도달하는 육신과 다를 바가 없다. 이런 고된 산행을 통하여 맛볼 수 있는 것은 성취감일 것이다. 마라톤에서 결승선을 통과하는 느낌이 정상에 도달한 순간 느껴지는 성취감과 다를 바가 없을 것이다. 자신을 극한에까지 내몰면서 갖고 싶은 성취감이 산에는 있었던 것이다. 산행을 다니면서 자연스럽게 확장된 외연은 바로 여행이라고 할 수 있다. 그의 작품에는 여행을 통하여 얻은 이미지와 지식들이 가식없이 진술되어 있다. 시인의 삶을 구성하는 중요 인자라고 본다. 여행시로 분류해 볼 수 있는 작품들로는 「경주」 「한반도 지형」 「대관령 안개」 「이수도의 하루」 「증도 여행」 「십리대밭길」 「손을 잡다」 「눈 속의 철책선」 「바람 앞에 서다」 「서울역 지하 통로」 들이다.

고목의 시간을 보낸 이팝나무가
위양못 거울속 얼굴과 마주하고 있다

붉은 장미 시간이 가고

머리를 하얗게 물들여
찾는 이에게 선문답을 한다

푸른 말로 바람을 부르고
물에 잠긴 구름을 먹었지

손을 잡아주던 사람들은
꽃잎 흩날리는 유혹에 다가오고
멀리서 내 모습을 담아낸다

위양못을 둘러싼 내 그림자가
지나가는 발걸음을 붙들고
사람들 가슴 속에 깊이 새겨져
고목의 시간으로 나는 간다

─「위양못에서」 전문

　위양못은 경남 밀양시 부북면에 있는 오래된 못이다. 신라시대 때 조성되어 그 부근에 농업용수를 공급해 오던 못으로 지금은 오래 묵은 나무들로 둘러쌓인 경치 좋은 관광지가 되고 있다. 특히 5월 중순이면 꽃이 피는 이팝나무가 절정기를 이루면 바람에 날리는 하얀 쌀밥같은 꽃잎이 수면 위를 가득 채우는 모습은 가히 특별한 구경거리가 된다. 여행을 즐기는 이들은 한번쯤 들러서 연못에 몸을 드리운 오래된 나무들과 대화를 나누어

보는 것도 힐링하는 한 방편이 되리라. 배영대 시인은 위양못이 전해주는 숱한 이야기들을 형상화하여 독자들에게 전달해주고 있다. 풍경을 형상화하는 일은 곧 풍경을 바라보고 있는 자신의 모습을 드러내는 일일 것이다. 어떤 순간에도 자신이 대상과 마주하지 않는 경우는 없다. 그 속에서 자신의 모습을 발견해 내는 일이 바로 대상의 존재를 확인하는 방법이 된다.

하늘에 걸쳐있는 달빛을
건져 올리려고
소나무를 타고 올라간다

푸름이 되어주던 가지는
발판이 되고
손잡이가 된다

굵은 나이테는 오를수록
가늘어지고
솔방울을 잡는다

발을 내딛어 한 발짝 디딤이
달빛에 닿지 못하고
추락하는 새가 된다

날개가 꺾이고

어둠 그림자가 감싸며
하늘을 바라 본다

여름을 가려주는 그늘이 되지 못하고
겨울 따사로움을 부르지 못하는
그늘이 달빛을 맴돈다

오르지 못한 나무는 하늘이 되고
달빛 그늘이 되어 서있다

—「달빛 그늘」 전문

 이들 분류에 넣을 수 없는 작품들은 일상들과 그 속에서 만나는 사물들과의 교류에서 그가 추구하고자 하는 행복에의 길이 엿보인다. 그런 작품들로는 「상추」 「길 잃은 고양이」 「개나리꽃」 「집을 짓다」 「친구에게」 「커피 한 잔」 「어머니의 그리움」 「뒤를 보다」 「꽃을 심다」 「유리창을 닦다」 「장미 가시」 「코로나 19」 「젖은 바닥」 「부산진 시장」 「아버지의 시간」 「고추 잠자리」 「골목길」 「그리움」 「달빛 그늘」 「11월」 「당단풍나무」 「책방골목」 「책을 펼치며」 「허수아비」 「광고 속으로」 「환승역」 「돈을 버리다」 「주소불명」 「택배를 받고서」 「석가탑」 「길 떠나는 길」 「국밥 한 그릇」 「고독사」 「바닥」 「버리며 산다」 「소리」 「시간은 길을 가다」 들이다. 이들 작품은 대개 주관적 관점을 배제하고 객관적 접근으로 이뤄진 작품들로 은유적 수사법을 차용하여 적절한 상징을 획득하면서 시적 성취도가 높은 작품들이다. 시 속에 자아를 담고자하는 마음이 앞서면서 시가 경직되는 경향이 있는 주제를 지닌 작품들보다는 내가 사물을 보는 것은 사물이 나를 보는 것과 같다는 퐁티의 말처럼 특정한 목적없이 만나는 대상들과 소통하면서 이뤄진 이미지나 진술들이 더욱 솔직 담백하게 다가오는 것은 나만이 느끼는 감상일까.

그의 시가 앞으로 가야할 길은 예술적 정신적 세계와 밀착하는 수사법과 의미접근을 통하여 한 차원 높은 승화된 정신적 경지를 보여주고 예술적 경지를 획득해 내는 일일 것이다. 푸른 꿈을 향해 도전하는 그에게는 시창작의 새로운 도전일 수 있겠다. 정진을 바란다.